AF827688

Der Kellerwechsel

(Aushilfswechsel, Finanzwechsel)

und

seine Fabrikanten.

Von

Dr. F. Schneider,

I. Sekretär der Anwaltschaft deutscher Genossenschaften.

Mit einem Vorwort von Dr. Schulze-Delitzsch.

Berlin, 1876.

Verlag von J. Guttentag (D. Collin).

Vorwort.

Das Unwesen der sogenannten Kellerwechsel hat neuerlich so um sich gegriffen, daß ein energisches Einschreiten dagegen an der Zeit ist. Von den Unternehmern mit naiver Unverschämtheit gleich einem ehrlichen Geschäft gegen gutes Honorar betrieben, werden gedruckte Formulare ausgesendet und die fabricirten Papiere überall hin vertrieben. Da waren es namentlich die Deutschen Creditgenossenschaften, welche sich die Aufgabe stellten, durch ihre Verbreitung und Geschäftsverbindungen, mit Unterstützung der von ihnen gegründeten Banken in Berlin und Frankfurt, den Umtrieben mehr und mehr auf die Spur zu kommen und dieselben vor das Gericht der Oeffentlichkeit zu stellen.

Die vereinzelt in den vom Unterzeichneten redigirten „Blättern für Genossenschaftswesen“ (Verlag von Ernst Keil in Leipzig) erschienenen, darauf bezüglichen Publicationen sind in dem gegenwärtigen Schriftchen mit anderem seitdem hinzugekommenen Material zu einer Characteristik der bezüglichen Leistungen und zur möglichsten Kennzeichnung der Hauptpersonen und ihrer Fabrikate benutzt. In erster Linie für die Genossenschaften bestimmt, werden sie sicher der gesammten Geschäftswelt willkommen sein, und dazu beitragen, unseren Herren Staatsanwälten zur Verfolgung dieses gefährlichen Auswuchses des Schwindelgeistes, welche sie bereits mit Erfolg in einzelnen Fällen begonnen haben, ein weiteres Feld zu öffnen.

Potsdam, im Juni 1876.

Dr. Schulze-Delitzsch,
Anwalt des Deutschen Genossenschaftsverbandes.

Kellerwechsel.

Wozu über Kellerwechsel schreiben? Sind Kellerwechsel etwas Neues, daß es nöthig wäre, die Geschäftswelt auf diese Erfindung aufmerksam zu machen? oder werden sie nicht gelegentlich schon längst auch in volkswirthschaftlichen Lehrbüchern als eine Schattenseite des Wechselverkehrs erwähnt? Gewiß, es sind diese Wechsel nichts Neues, auch bei uns in Deutschland nicht. Schon vor mehr als 10 Jahren erlitt, woran die Geschädigten noch heute bei jeder Jahresbilanz erinnert werden, ein Vorschußverein der Provinz Sachsen einen erheblichen Verlust, weil er Berliner Kellerwechsel discontirt hatte. Berlin war damals noch nicht Hauptstadt des deutschen Reichs, aber es war doch schon groß genug, um in seinen Mauern auch Leute zu bergen, die für eine geringe Vergütung Wechsel über beliebige Summen auf sich ziehen ließen und acceptirten, zu deren Bezahlung sie weder Lust noch Vermögen hatten. Die Lebensmittelpreise waren damals in Berlin noch nicht so hoch, wie jetzt, so daß man — wie vielfach erzählt wird — in jener Zeit schon für den mäßigen Preis von $2^1/_2$—5 Slbgr. solche Accepte erhalten konnte. Die Acceptanten waren einfache, anspruchslose Leute; wohnten sie auch nicht gerade wie Diogenes in einer Tonne, so waren doch die Bodenkammern 4 Treppen hoch und höher ihr Lieblingsaufenthalt, wo sie, den lästigen Besuchen von Gerichtspersonen so weit als möglich entrückt, ihr beschauliches Dasein führten. Gelang es aber ja einmal einem Executor bis in diese Höhen vorzudringen, so überzeugte ihn ein Blick auf die leeren Wände, daß hier nichts zu holen, und jede Execution fruchtlos sei. Trotz ihres überaus einfachen, zur Execution ungeeigneten Mobiliars hielten diese Wechselschuldner doch schon damals auf ein Stück, das ihnen als Handwerkszeug unentbehrlich war, nämlich auf einen schönen Firmenstempel. Dieser Firmenstempel verknüpfte sie in ihrer unnahbaren Höhe mit dem geschäftigen Treiben der Preußischen Hauptstadt unter ihnen und erwarb ihren Papieren namentlich in der „Provinz“ dasjenige Vertrauen, das sie umlaufsfähig machte.

Es würde im Einzelnen nicht ohne Interesse sein, zu untersuchen, wie dieser oder jener Kellerwechselacceptant, nachdem er sich in andern Geschäftszweigen ohne Erfolg versucht hatte, endlich auf diese Branche verfallen war, aber dergleichen Darstellungen eignen sich nur für den Roman, vielleicht auch für eine Criminalgeschichte, nicht aber für dieses Schriftchen, welches der Geschäftswelt und insbesondere den deutschen Volksbanken die Kellerwechsel als eine den gesunden wirthschaftlichen Verkehr bedrohende Gefahr veranschaulichen soll, die jeder Einzelne, auch wenn er nicht unmittelbar dadurch geschädigt wird, energisch mit allen zu Gebote stehenden Mitteln bekämpfen muß; denn die Verfertiger jener Kellerwechsel früherer Zeit waren armselige Stümper, ohne eine Vorstellung davon, welcher Ausbildung und Vervollkommnung ihre Kunst fähig sei; ihre Wechsel wurden von dem gewandten Geschäftsmann daher auch leicht als Kellerwechsel erkannt und zurückgewiesen, ohne daß es nöthig gewesen wäre, ihr Verfahren vor der Oeffentlichkeit an den Pranger zu stellen.

Anders verhält sich das jetzt. Die Kellerwechselfabrication ist jetzt als ein neuer Industriezweig kaufmännisch organisirt und wird fabrikmäßig betrieben; um der Sache ein hübsches Mäntelchen umzuhängen, hat man statt des alten anrüchigen Namens „Kellerwechsel“ auch schon eine anständigere Bezeichnung „Aushilfswechsel“ oder „Finanzwechsel“ erfunden, vermuthlich um damit anzudeuten, daß durch diese Wechsel den Finanzen der leidenden Menschheit auf die Beine geholfen werden soll. Diese neue Art Bauernfängerei öffentlich zu besprechen, thut wirklich Noth; denn seitdem die von Schulze-Delitzsch herausgegebenen „Blätter für Genossenschaftswesen“, gestützt auf Mittheilungen der deutschen Genossenschaftsbank von Soergel, Parrisius & Comp., die ersten Angaben über Kellerwechsel gebracht haben, hat das über diesen Gegenstand einlaufende Material eine so massenhafte Verbreitung der Kellerwechsel ergeben, daß man darüber nicht mehr stillschweigend hinweggehen darf. Inwieweit die Großbanken mit solchen Finanzwechseln engagirt sein mögen, entzieht sich zwar der Beurtheilung, aber daß sie auch von dieser Landplage nicht verschont geblieben sind, das ist in einzelnen Fällen schon durch gerichtliche Verhandlungen festgestellt worden, und wahrscheinlich mehr noch als sie sind die Volksbanken, Vorschuß- und Creditvereine u. s. w. mit solchen Papieren heimgesucht worden, weil man bei ihren Leitern eine geringere Geschäftskenntniß und Erfahrung in diesen Dingen voraussetzen und deshalb dergleichen Papiere leichter unterzubringen erwarten konnte. Läßt sich auch augenblicklich noch nicht angeben, wie viel Verluste diese Vereine durch Kellerwechsel erlitten haben, so ergeben doch zahlreiche Correspondenzen, daß sie in ihnen bisher unverdächtig erscheinenden Wechseln nach den Mittheilungen der Genossenschaftsbank und der Genossenschaftsblätter Kellerwechsel erkannt und zum Theil Personen in solche Geschäfte verwickelt gefunden haben, von denen sie Connexionen mit den Industriellen dieser Branche gar nicht erwartet hatten.

Mögen mir daher die Leser gestatten, ihnen zunächst eine Darstellung des Betriebs der Kellerwechselfabrication zu geben; dieselbe wird zum Theil die große Verbreitung dieser Fabricate erklären. Getreu dem Grundsatze jedes Geschäftsmannes, daß man dem Publicum seine Waaren öffentlich anbieten müsse, wenn man auf Absatz rechnen will, werden in den gelesensten Blättern Inserate in folgender Form veröffentlicht:

> „Accepte und Wechsel, deren Valuta erst bei Fälligkeit zu zahlen, creditire soliden Firmen gegen geringe Provision. Adressen unter U. No. 96 an Haasenstein u. Vogler, Leipzig, erbeten."

Allerdings können sich diese Anzeigen an Ausdehnung nicht mit den Empfehlungen des Hoff'schen Malzextracts messen, auch sind ihnen keine Atteste von Personen beigefügt, die schon lange unheilbar an Schwindsucht des Geldbeutels leidend, durch den Gebrauch dieser Wechsel zu blühenden Finanzen gelangt sind und deshalb eine frische Partie davon bestellen; indeß haben diese Inserate doch eines mit den seiner Zeit berühmten Hoff'schen gemein, daß sie in allen möglichen Zeitungen und Zeitschriften zu finden sind. Die großen politischen Weltblätter ernsten und heitern Inhalts, der „Kladderadatsch" nicht ausgenommen, bringen sie, die Provinzialzeitungen in allen Theilen Deutschlands sind voll davon, und auch die Unterhaltungsblätter wie die „Illustrirte Zeitung" haben ihnen ihre Spalten geöffnet. Es kann das auch nicht überraschen, da sich die Inserenten der Vermittelung von Haasenstein u. Vogler oder Aug. Pfaff in Berlin oder einer andern Annoncen-Expedition bedienen, die natürlich berufsmäßig die Verpflichtung haben, den ihnen anvertrauten Inseraten eine möglich weite Verbreitung zu verschaffen. Die Vermittelung einer Annoncen-Expedition hat für die Kellerwechselfabrikanten auch den Vortheil, daß sie nicht unmittelbar vor die Oeffentlichkeit zu treten brauchen, sondern, wenn sie gegen die auf Grund ihres Inserats aufgegebenen Adressen einen Verdacht hegen, z. B. die Absicht wittern, sie wegen ihres Geschäftsbetriebs auf die Anklagebank zu bringen, sich rechtzeitig zurückziehen können.

Freilich hat diese Vorsichtsmaßregel doch nicht verhindern können, daß sich auf solche Inserate auch Personen gemeldet haben, die nicht die Absicht hatten, von dem ihnen angebotenen Credit Gebrauch zu machen, sondern nur den dahinter vermutheten Schwindel aufzudecken. Manche Kellerwechselfabrikanten scheinen auch von der Gerechtigkeit ihrer Sache, ja von ihrem civilisatorischen Beruf so fest überzeugt gewesen zu sein, daß sie einer besondern Vorsicht bei ihren Manipulationen nicht zu bedürfen meinten.

Einzelne haben, vielleicht weil die Correspondenz für sie zu umfangreich wurde, vielleicht auch um alle Theile des deutschen Reichs und die umliegenden Ortschaften an ihrem Segen recht ausgiebig Theil nehmen zu lassen, in den größern Plätzen Agenten bestellt, die zunächst die einlaufenden Meldungen zu beantworten haben, indem sie den neuen Kunden das Geschäfts-Circular übermitteln und ihnen mittheilen, daß convenirenden Falls das Berliner Haus sich direct mit ihnen in Verbindung setzen werde.

In Wien hat sogar eine Zeitung „Wiener finanzielles Volksblatt" (Eigenthümer und Herausgeber Adolf Köhler, verantwortlicher Redacteur Rudolf Mantler, Redaction und Administration VII. Schottenfeldgasse 73) die Auskunftsertheilung für ein solches Berliner Kellerwechselhaus übernommen und läßt sich von denen, die sich ihrer Vermittelung bedienen, wie das nachher mitzutheilende Schema ergeben wird, die völlig unentgeltliche Gewährung ihrer Intervention „im Sinne ihres Progamms" bescheinigen.

Als Einleitung zu den dann folgenden Geschäfts-Formularen schicke ich zwei Briefe des Herrn M. Seeger in Berlin, O. Alexanderstr. 28 voraus, die, wenn sie auch nicht metallographirt sind, doch in macher Hinsicht die Bedeutung eines Geschäfts-Formulars beanspruchen dürfen und zugleich eine so rührende Offenherzigkeit des geehrten Briefstellers bekunden, daß sie einen recht interessanten Einblick in das Kellerwechselgeschäft eröffnen. Der erste Brief vom September v. J. lautet:

„Ihr sehr Geehrtes vom . . . . . gelangte heute in meinen Besitz und theile Ihnen mit, daß Sie durch mich nur Sachen bekommen von Leuten, die in der That vorhanden und aufzufinden sind.

„Ich berechne für bloße Acceptirung 1 %, für Ausgestellte und Acceptirte 1½ %, und soll noch ein Girant figuriren, so beträgt es 2 %.

„Selbst acceptire nur bei einzelnen Kunden, mit denen ich in langer Verbindung stehe und auch nur gegen Unterlage, lasse aber in Form von Accreditiven auf mich ziehen gegen Vergütung von 1 % über 1000 Thlr. Beträge unter 1000 Thlr. 1½ %, was auch Ihnen genügen wird.

„Sie müssen mir aber dann die Versicherung geben, daß Sie für pünktliche vorherige Deckung Sorge tragen, da ich hier kein Schwindelgeschäft habe, sondern eine ansehnliche Stellung einnehme, ich habe ein Lager von ca. 3000 Thlr. und dürfte eine Protestaufnahme, mir großen Schaden bringen, resp. meinen Credit gefährden.

„Es sollte mich freuen recht bald Etwas von Ihnen zu hören, und zeichne inzwischen

Hochachtend

M. Seeger."

Der zweite Brief vom Oktober v. J. an denselben Adressaten hat nachstehenden Wortlaut:

„Soeben kam in Besitz Ihres sehr Geehrten vom . . . . . in dessen Beantwortung Ihnen ergebenst mittheile, daß Sie gewünschte Sachen mit Stempel und Namen laut inliegendem (Stempel) Zettel innerhalb 2—3 Tagen, nach dem Eintreffen Ihrer Antwort an gerechnet zurück haben können resp. sollen.

„Sie können auf alle möglichen Plätze Accepte bekommen, nur kann ich denselben keine Stempel aufdrücken, da die Acceptanten selbst in den seltensten Fällen Stempel besitzen und die den Sachen aufgedruckten Stempel sind Privateigenthum.

„Sie können von mir ca. 500 verschiedene Acceptanten bekommen, wollte ich zu jedem einen Stempel machen lassen, so hätte ich in Letzteren einen Werth von über 1000 Thlr. stecken, was sich nie bezahlt machen würde.

„Die Stempel für Museholb und Koßmack bekomme ich heute Nachmittag vom Graveur.

„Conveniren Ihnen die Namen, die nebenbei bemerkt alle eine schöne Handschrift schreiben, so ersuche ich Sie mir umgehend Ihren Bescheid zukommen zu lassen, den Sie gütigst die Provision hinzufügen wollen, da ich den Acceptanten auch vorher das Geld zahlen muß.

„Von jeden dieser Namen erhalten Sie 3 Accepte, macht $3 \times 8 = 24$ Stück.

Ganz ergebenst

M. Seeger."

Aus diesen beiden Briefen geht hervor, was die nachher mitzutheilenden Geschäfts-Formulare zum Theil noch deutlicher ergeben, daß den Accepten kein reelles Geschäft zu Grunde liegt, sondern daß die Acceptanten Wechsel über beliebige Summen gegen eine geringe Provision acceptiren, ohne daß einer der Contrahenten dabei an Bezahlung einer Valuta oder nachher an die Einlösung des Wechsels denkt. Es wird deshalb der Käufer der Wechsel von Hrn. Seeger eindringlich an die pünktliche Deckung derselben erinnert, da er sonst in seiner „ansehnlichen Stellung" gefährdet werde. Als ein besonderes Verdienst der Acceptanten, worauf man bisher weniger Werth zu legen pflegte, wird hervorgehoben, daß sie eine schöne Handschrift schreiben; aber leider — wo viel Licht ist, da ist auch viel Schatten — nur sehr selten besitzen sie Firmenstempel, letztere sind vielmehr — „Privateigenthum!“ Ein seltsamer Gegensatz! Als ob schon jemand hinter den Acceptanten öffentliche Beamte vermuthet hätte, die ihren Firmenstempel wie ein Dienstsiegel von Amtswegen führen und ihn, wenn sie sich als Acceptanten pensioniren lassen, als Staatseigenthum ihrem Nachfolger überantworten. — Herr Seeger, dessen Größe nicht in seinem Stil liegt, meint damit wahrscheinlich, daß diese Stempel den Kellerwechselhändlern gehören, die sie auf ihre eigenen Kosten für diejenigen Acceptanten, deren Unterschriften sie öfter in Anspruch nehmen, anfertigen lassen und als zu ihrem Geschäftsinventar gehörig behalten. So hat auch Hr. Seeger, wenn wir ihn recht verstehen, für einige bevorzugte Acceptanten sich Firmenstempel beschafft und neuerdings sein Inventar um die beiden Stempel für Museholb und Koßmack vervollständigt. Gerade diese Manipulation bestätigt recht klar das völlige Unvermögen der würdigen Acceptanten auch nur einen von ihren zahlreichen Accepten aus eigenen Mitteln einzulösen. Aber einen Vorzug nimmt Hr. Seeger doch für seine Acceptanten in Anspruch, daß sie „in der That vorhanden und aufzufinden sind.“ Dieser Vorzug wäre nicht zu unterschätzen, wie ein Blick auf den „Anhang“ dieses Schriftchens zeigt, welcher viele bisher nicht auffindbare Existenzen namhaft macht. Aber Hr. Seeger ist so vorsichtig, nicht zu sagen, wo seine Acceptanten aufzufinden sind, noch auch zu behaupten, daß sie dort aufzufinden seien, wo man sie nach der Ortsangabe des Firmenstempels vermuthen sollte. Da er selbst aber doch ihren Aufenthalt kennen muß, so würde er vielen einen Dienst erweisen, wenn er den schon genannten Koßmack (vgl. Anhang Nr. 54) und Oscar Püchler aus Fürstenwalde (vgl. Anhang Nr. 71), auf welche beide er beispielsweise Wechsel angeboten hat, so ihrer Zurückgezogenheit entrisse, daß der Staatsanwalt diese mythischen Personen über ihre ausgedehnten Wechselverbindlichkeiten befragen könnte. Leider wird ihm das wol wieder die Discretion verbieten, die für jeden Geschäftsmann Ehrensache ist.

Wir lassen nun die uns zugänglich gewordenen Geschäfts-Formulare folgen:

I.

Franz Wilke.
Neue Friedrichstraße 63.
Berlin C.

Berlin, den t. . . 18

Herr . . . .

Auf Ihre gefällige Zuschrift vom . . . . . . theile Ihnen mit, daß Sie von mir Rimessen auf fast alle Börsenplätze in beliebigen Summen und Sichten bekommen können. Diese Wechsel sind mit Aussteller und Acceptanten und auf Wunsch mit einem oder mehreren Giranten versehen (das letzte Giro blanco) sowie mit den gesetzlichen Stempeln und garantire ich für die Richtigkeit der durch mich besorgten Wechsel, indem ich versichere, daß alle darauf befindlichen Namen stets von den betreffenden Herren eigenhändig vollzogen sind, daß ich aber für die Bonität dieser Wechsel nicht einstehe, ist selbstverständlich, denn Sie können sich sagen, daß Leute, welche gegen geringe Provision an ihnen ganz unbekannte Firmen beliebige Summen acceptiren, nicht viel zu verlieren haben können! Dies ist für Sie doch aber wohl gleichgültig. Denn wenn Sie z. B. von P. in Berlin auf A. gezogenen Wechsel, der von diesem acceptirt und dann durch blanco Giro von Miller auf Sie übergegangen ist, an einen Ihrer Freunde, welche gewohnt sind, öfter Wechsel von Ihnen zum Discontiren oder in Zahlung zu bekommen, geben, so werden diese dieses mit Ihrem Giro versehene Papier ebenso gern als jedes andere von Ihnen nehmen. Sie können auch durch das Weiterbegeben dieser Wechsel schon deshalb niemals kompromittirt werden, weil niemand wissen kann, ob Ihr Remittent, der in blanco stehende Miller aus diesem oder jenem Orte ist. Bei Verfall der Wechsel haben Sie für deren prompte Einlösung selbst zu sorgen. Um Sie hierbei vor jeder möglichen Gefahr zu schützen, lasse ich die Wechsel stets bei renommirten Banken oder Banquiers zahlbar machen.

Sollte es Ihnen nicht klar sein, wie Sie die Deckung zur Zeit der Fälligkeit bewirken können, ohne irgend welches Aufsehen zu erregen, so bemerke Ihnen, daß dieses sehr einfach ist, indem Sie entweder direkt an die Domicil-Firma den Betrag zur Einlösung des fälligen Wechsels senden, oder durch mich die Einlösung bewirken lassen. Im letzteren Falle müßte ich zwei Tage vor Verfall im Besitze der Deckung sein.

Die Provision für diese Wechsel beträgt incl. meiner Auslagen an Acceptant und Aussteller 1 %, für jeden Giranten ½ % extra und entnehme ich dieselbe bei Zuschickung der Wechsel per Postvorschuß.

Kleine Summen 6 M. pro Stück.

Achtungsvoll

Franz Wilke.
Neue Friedrichstraße 63.

Diese Schemata sind metallographirt, nur der letzte Satz: „Kleine Summen 6 M. pro Stück.“ ist geschrieben, die Unterschrift durch den Firmenstempel hergestellt. In dem uns vorliegenden Exemplar befinden sich außerdem unten die mit Tinte geschriebenen Worte: „Schmidt & Schier in Berlin,“ deren Bedeutung ungewiß ist: vielleicht soll es eine Referenz für Herrn Franz Wilke sein.

Dieses Circular scheint indeß nicht das einzige zu sein, das Herr Franz Wilke herausgegeben hat, oder vielmehr es existiren mehre Auflagen dieses Circulars, die sich je nach den Landestheilen, für die sie berechnet sind, und deren kaufmännische Usancen Hr. Wilke als gewiegter Geschäftsmann berücksichtigen mußte, in gewissen Punkten unterscheiden. So lassen wir hier das Circular folgen, welches Herr Leonhard Mayer in München auf eine in Folge eines Zeitungsinserats an ihn gerichtete Anfrage nach Wechselcredit als von einem „Bank- und Wechselgeschäft in Berlin“ ausgehend, das nach Auftraggabe sich direkt an den Geldbedürftigen wendet, dem Anfragenden übersandt hat:

„Auf Ihre gefällige Zuschrift vom . . . . . . theile Ihnen mit, daß die Manipulation folgender Art ist und gebe Ihnen anheim, ob Ihnen dieselbe dienen kann.

Um Ihnen mit Wechseln dienen zu können, stehen mir mehr als achtzig Verbindungen zur Verfügung, und bin dadurch im Stande Ihnen auf fast allen Börsenplätzen Rimessen zu beschaffen, welche Sie in beliebigen Summen und Sichten bekommen können.

Diese Wechsel sind stets mit Aussteller, Acceptanten und Giranten, der Letztere in blanco, sowie mit dem gesetzlichen Stempel versehen und garantire für die Richtigkeit der durch mich besorgten Wechsel, indem ich ausdrücklich versichere, daß alle darauf befindlichen Namen stets von den betreffenden Herren eigenhändig vollzogen sind, daß ich aber für die Bonität dieser Wechsel nicht einstehe, ist selbstverständlich, denn Sie können sich sagen, daß Leute welche gegen geringe Provision an ihnen ganz unbekannte Firmen beliebige Summen acceptiren, nicht viel zu riskiren haben können.

Dies ist aber für Sie doch auch wol gleichgültig, denn wenn Sie z. B. einen von Becker in Königsberg auf Voigt in Magdeburg gezogenen und von diesem acceptirten Wechsel, welcher dann durch blanco Giro von Schröder auf Sie übergegangen ist, an einen Ihrer Freunde, welche gewohnt sind, öfter Wechsel von Ihnen zu discontiren oder in Zahlung zu bekommen, geben, so wird er dieses mit Ihrem Giro versehene Papier ebenso gerne als jedes andere von Ihnen nehmen. Sie können auch durch das Weiterbegeben dieser Wechsel schon deshalb nie kompromittirt werden, weil niemand wissen kann, ob Ihr Remittent, der in blanco stehende Schröder, der eine S. aus diesem, oder der andere S. in jenem Orte ist. — Die Hauptsache ist und nur unter der Bedingung besorge ich Ihnen die Wechsel, daß Sie zur Zeit der Fälligkeit für deren prompte Deckung sorgen; um Sie hierbei vor jeder möglichen Gefahr zu schützen, lasse ich die Wechsel stets bei den namhaftesten Geldinstituten oder Banquiers zahlbar machen.

Sollte es Ihnen nicht klar sein, wie Sie die Deckung zur Zeit der Fälligkeit bewirken können ohne irgend welches Aufsehen zu erregen, so bemerke Ihnen, daß dies sehr einfach ist und ich Ihnen bei Uebersendung von Rimessen auf Ihren Wunsch die nöthige Anleitung dazu geben werde.

Die Provision für diese Wechsel beträgt incl. meiner Auslagen an Acceptant und Aussteller und Giranten zwei Prozent, doch wird jeder Wechsel einzeln und jedes angefangene Hundert als voll gerechnet, Stempelgebühren sind extra zu verrechnen, und ist die Provision bei Uebersendung des Auftrages mit einzusenden, oder ich entnehme dieselbe bei Zuschickung der Wechsel per Postvorschuß".

Herr Wilke hat zwar hier nicht seinen Namen unter das Circular gesetzt, auch hat er mit der Aufklärung darüber, wie zur Zeit der Fälligkeit die Deckung der Wechsel zu erfolgen habe, zurückgehalten, endlich ist auch die Berechnung der Provision etwas anders, indem die Extraprovision für jedes einzelne Giro fortfällt, aber im Ganzen ein etwas höherer Prozentsatz erhoben wird; nichts destoweniger haben jedoch sonst beide Circulare soviel Verwandtschaft mit einander, daß man auf denselben Verfasser schließen muß. Hr. Wilke war mit dem Terrain in Süddeutschland wol noch nicht vertraut, hatte vielleicht gehört, daß dort auf eine große Zahl von Giros weniger ankomme als im Norden, verzichtete deshalb lieber auf die Extraprovision dafür und erhöhte sonst die Provision etwas.

Möglich auch, daß er neuerdings eine billigere Bezugsquelle für Giranten ausfindig gemacht hat, und daß ihn dies in den Stand setzt, auf die besondere Provision für Giros zu verzichten. Wenigstens soll er sich einem Kunden gegenüber gerühmt haben, für eine Zuckerfabrik einen Wechsel mit 10 Giros geliefert und dafür 30 M. erhalten zu haben.

Zugleich suchte er die Neugierde damit zu reizen, daß er nicht sogleich verrieth, wie bei eintretender Fälligkeit der Wechsel die Deckung zu bewirken sei; möglicherweise gab es sogar unschuldige Leute, die ihm den Besitz eines Geheimmittels zutrauten, um Wechsel zu decken ohne Geld, und die nun schleunigst seine Hilfe in Anspruch nahmen, um dieses Geheimmittels theilhaftig zu werden. Am Ende wäre auch Hr. Wilke kein Unmensch, seinen Kunden für den Fall der Noth ein solches Geheimmittel anzuvertrauen, indem er ihnen anheimgiebt, alte Kellerwechsel mit neuen zu bezahlen und zu dem Zweck seine regelmäßigen Kunden zu werden. Er würde gegen die ausgedehnteste Anwendung dieser Zahlungsart schwerlich etwas einzuwenden haben, da er wegen Beschaffung neuer Kellerwechsel nicht leicht in Verlegenheit kommen dürfte.

Uebrigens kann man beiden Circularen das Zeugniß nicht versagen — darin stimmen sie vollständig überein, — daß sie dem Käufer der Kellerwechsel mit anerkennenswerther Offenherzigkeit vorführen, daß diese Wechsel erst durch ihn einen Werth erhalten, indem die übrigen Wechselverpflichteten für absolut nichts gut sind.

II.

Weniger durchsichtig ist nachstehendes Circular:

Ed. Hur. Kucht.

Berlin O. Langestr. 35.

Havanna-Cigarren-Import, Commission und Incasso.

Berlin O., den ....
London
Hamburg

P. P.

Antwortlich der Anlage, betreffs Acceptcredit gehe ich bei meiner Offerte von dem Gesichtspunkte aus, daß es auch ganz wohl situirten Firmen momentan an Rimessen mangeln kann, während sie zu andern Zeiten mit Leichtigkeit ihren Verbindlichkeiten nachkommen können, und daß ein kurzer Aufschub oft sehr erwünscht ist.

Hierauf gestützt offerire Ihnen mein Accept oder Giro auf Ihre Blanco oder mein Giro auf Blanco mit meiner gedruckten Firma auf Hier, sowie Accepte oder Giro meiner Geschäftsfreunde aus nebenstehenden Plätzen, für 1 %. — Bei mir domicilirte Papiere berechne mit ¼ % und muß die Deckung in deutscher Währung mindestens 24 Stunden vor Verfall in meiner Hand sein, da verspätete Sendungen leicht zum Protest Veranlassung geben können.

Falls Sie auf mich Frankfurt a. M. oder Hamburg ziehen oder Tratten zum Accept einsenden, bitte um Beifügung der Provision, da sonst die Sachen unerledigt zurückgehen. Ich sehe Ihrer gefl. Ordre entgegen und bitte um weitere Empfehlung bei Ihren Herrn Geschäftsfreunden.

Hochachtungsvoll

Hnr. Kucht.

Diese Circulare sind gedruckt und anscheinend von Hnr. Kucht eigenhändig unterschrieben. Am Rande sind noch folgende Städtenamen theils gedruckt, theils — wahrscheinlich sind dies neuere Verbindungen — geschrieben: Arnsberg. Augsburg. Bamberg. Barmen. Berlin. Bielefeld. Breslau. Brandenburg a./H. Bruchsal. Charlottenburg. Carlsruhe. Cöln. Coblenz. Crefeld. Dessau. Dortmund. Düren. Döbeln. Eßlingen. Ellwangen. Elberfeld. Emmerich. Fürstenwalde. Frankfurt a./M. Fürth. Hamburg. Hamm. Heidelberg. Heilbronn. London. (Deutsche und engl. Chemas). Landshut. Leipzig. München. Mannheim. Magdeburg. Nürnberg. Posen. Plauen. Rixdorf. Stuttgart. Thorn. Tilsit. Zabrze. Wien. Troppau. Pilsen.

Da einem Empfänger dieser Offerte die Ausdrücke „mein Accept oder Giro auf Ihr Blanco" nicht ganz verständlich waren, so bat er deshalb um Aufklärung und erhielt den Bescheid, daß Hr. Hnr. Kucht ein von seinem Kunden ihm eingesandtes Blankett acceptire resp. ihm ein solches acceptirtes Blankett zugehen lasse, oder daß Hr. Kucht sein Blankett von einem andern acceptiren lasse. In dem weitern Verkehr mit demselben Kunden verwandelt sich dann Hr. Ed. Hnr. Kucht, der aber nur Hnr. Kucht unterschreibt, unter der Hand in Heinr. Ed. Kucht, der nun Ed. Kucht zeichnet.

Derselbe erläßt nämlich einige Zeit darauf folgendes Circular:

Heinr. Ed. Kucht

Berlin S. O. Manteuffelstraße 10.
Commission und Incasso. — Havanna-Cigarren-Import.
Gegründet 1863.

Berlin, den . . . . . . 187 .

Als Agent bedeutender Firmen in finanzieller Beziehung erlaube mir auch Ihnen meine Dienste anzutragen und offerire Ihnen gleichzeitig, falls Sie Bedarf haben, Wechsel auf London, Paris, Lyon, Wien und allen Bankplätzen Deutschlands für 1 %. Diese Devisen werden bei einer größeren Bank domicilirt und haben Sie erst 48 Stunden vor Verfall die Deckung mit ¼ % Incasso-Provision an das Domicil einzusenden Ein verspätetes, oder nicht Eintreffen der Deckung, veranlaßt Protest und Klage gegen Sie und auf Ihre Kosten.

Hierauf erbitte Ihre gefälligen Aufträge und empfehle mich Ihnen mit vorzüglicher Hochachtung ergebenst

Ed. Kucht.

Daß sich eine schon 1863 gegründete und jedenfalls höchst ehrenwerthe Firma plötzlich verändert, muß doch seine sehr triftigen Gründe haben, und diese giebt der geschätzte vormalige Heinrich, neuerdings Eduard Kucht seinen Kunden mit folgendem gedruckten Schreiben zu wissen:

Berlin, Datum des Poststempels.

P. P.

Um nicht mit einem oft angefeindeten, wie man sagt ohne Wohnung lebenden Hnr. Kucht verwechselt zu werden, zeichne ich von heut ab, mit der ergebenen Bitte, mir auch fernerhin Ihr geehrtes Vertrauen zu schenken,

hochachtungsvoll

Ed. Kucht, Agent.
Berlin, Manteuffelstraße 10, I Treppe.

Der arme Heinrich! Muß er für sein altes Geschäft die Zeichnung ändern, damit er nicht mit einem Namensvetter ohne Wohnung verwechselt wird! Und — jeder Zoll ein Gentleman! — wie nobel drückt er sich noch gegen diesen unangenehmen Konkurrenten aus. Er spricht nicht etwa von einem Schwindler seines Namens, mit dem verwechselt zu werden eine Schande wäre, nein, in richtiger Würdigung dessen, daß auch Menschen ohne Wohnung gar leicht verkannt werden, spricht er nur von einem „oft angefeindeten" Hnr. Kucht.

Wenn das erste Schreiben des Hnr. Kucht in seinem eigenthümlichen Jargon darüber noch einen Zweifel konnte aufkommen lassen, welcher Art die von ihm angebotenen Wechsel seien, so mußte das zweite Circular von Ed. Kucht diesen Zweifel vollständig beseitigen, indem es bestimmt ausspricht, daß von anderer Seite als vom Käufer des Wechsels eine Deckung unbedingt nicht zu erwarten sei. Hierin liegt das Bekenntniß, daß Aussteller, Acceptanten und Giranten der fr. Wechsel allesammt für nichts gut seien.

Zum Schluß sei bezüglich des Ehrenmannes Kucht noch mitgetheilt, daß Hnr. Kucht in Berlin (Manteuffelstr. 10) aus einem von ihm auf Oscar Püchler in Fürstenwalde (vergl. den Anhang Nr. 71) gezogenen, an eigene Ordre lautenden Wechsel über 540 Mark am 13. März 1876 rechtskräftig zur Zahlung verurtheilt und am 21. März vom Executor heimgesucht wurde. Letzterer berichtete: „Die Execution fiel fruchtlos aus, indem ich weder baares Geld, noch sonstige Pfandobjecte vorfand. In der von ihm bewohnten Stube und Küche befinden sich für die aus 3 Personen bestehende Familie 2 Betten, 1 Schlafsopha, 1 Tisch, 3 Stühle, 1 Spind und das nöthigste Küchengeräth. Kosten fruchtlos." Welche Einfachheit der Lebensweise, bei so zahlreichen und gewiß glänzenden Verbindungen!

III.

Ob der „Banquier" Martin Seligmann in Berlin seine Kellerwechsel durch ähnliche Circulare empfahl, wie die vorstehenden, haben wir nicht in Erfahrung gebracht, indeß scheint er darin seine Konkurrenten überflügelt zu haben, daß er sich der Presse nicht nur zu kurzen Inseraten, sondern zur Vermittelung seiner Kellerwechsel an die Kunden bediente. Wenigstens hatte er hierzu das „Wiener finanzielle Volksblatt", welches schon oben erwähnt wurde, gewonnen. An dieses Blatt sandte er die aus dessen Leserkreise begehrten Kellerwechsel ein, und dasselbe ließ sich dann deren Abgabe von den Käufern auf nachfolgendem Formular bescheinigen:

An die . . . .

In Folge der Annonce in Ihrem Blatte, betreffend „Accept- und Girocredit", ersuchte . . . . . . Sie unterm . . . . . 187 . um gefällige Vermittlung einer Bestellung auf folgende . . . . . Wechsel bei Ihrem Herrn Inserenten:

Ort und Datum der Ausstellung	Wechsel-Summe fl.	Wechsel-Summe kr.	Aussteller	Acceptant	Girant	Verfall-tag	Domicil

. . . . bestätige . . . . nun, d . . . . vorerwähnten Wechsel, für welche . . . . keine Valuta gegeben, gegen die entfallende Provision durch Ihre Hand von Herrn . . . . in . . . . empfangen zu haben, und verpflichte . . . . d . . selben bei Verfall am betreffenden Domicilorte pünktlich zu decken. Damit hat Ihre Intervention, welche Sie . . . . in dieser Sache als Abonnenten im Sinne Ihres Programmes völlig unentgeltlich gewährten, ein Ende.

. . . .

. . . .

Die Veröffentlichung dieses Formulars in der in Wien erscheinenden „Genossenschaft", welche dasselbe zuerst brachte, hatte freilich die Folge, daß die Wiener Complicen des Herrn Seligmann ihre Vermittelung einstellten. Indeß würde ihn das schwerlich veranlaßt haben, das dortige Platzgeschäft aufzugeben, wenn nicht seine Thätigkeit überhaupt neuerdings eine Unterbrechung dadurch erfahren hätte, daß das Strafgericht in Zwickau ihm eine längere unfreiwillige Erholung von der anstrengenden Arbeit des Ausstellens, Acceptirens und Girirens von Wechseln auferlegt hätte. Wir kommen darauf nachher zurück und heben aus dem mitgetheilten Quittungsformular nur hervor, daß die Verpflichtung, bei Verfall am Domicilorte pünktlich zu decken, von dem Käufer des Wechsels auch kaum anders aufgefaßt werden kann als daß von den andern Wechselverpflichteten grundsätzlich keine Deckung zu erwarten steht.

IV.

Als die Krone aller derartiger Circulare aber verdient das folgende mitgetheilt zu werden:

„Zur gefälligen möglichst eingehenden Kenntnißnahme empfohlen. Durch die weitgehendsten Verbindungen bin ich im Stande Accepte und gezogene Wechsel auf fast alle Bankplätze Deutschlands, Oesterreichs, Hollands und Englands in allen Beträgen und Sichten zu beschaffen, deren Valuta der Käufer resp. der begebende Girant spätestens 2 Tage vor Verfall des Wechsels einzusenden übernimmt. Auf Grund dieser Zusicherung geben die Gezeichneten ihre Unterschriften und können sie diese nur bei Erfüllung genannter Bedingung einlösen, aus eigenen Mitteln nicht. Die Domicilfirmen sind die angesehensten Banken und ebenso sicher dürfen die Herren Auftraggeber sich der sachkundigsten Ausführung durch mich, wie der gewissenhaftesten Discretion versichert halten. Die Preise berechne für jeden Abschnitt. Im beliebigen Betrage bis M. 500 per Stück M. 7.50. Von 500 bis 1000 M. 1½ %, angefangene Hundert voll berechnet. Im beliebigen Betrage von M. 2000—3000 per Stück 30 M. Beträge über 3000 M. 1 %. Die Ausführung und Uebersendung gefl. Ordres erfolgt nur gegen Einsendung des Kaufpreises baar oder die ausdrückliche Bestimmung des Bestellers, den Betrag per Postvorschuß zu entnehmen. Wiederholt sind über dieses Verfahren in Zeitungen die verwirrtesten Darstellungen und brutale Angriffe gegen Personen und diese Sache erfolgt, ohne daß ich es bisher der Mühe werth gehalten, der ebenso groben Unwissenheit, als der infamen Zeitungsschreier-Maxime entgegen zu treten; es ist jedoch, wahrscheinlich durch dies Gebahren, die irrige Meinung theilweis verbreitet, es sei der Gebrauch dieses Hilfsmittels unmoralisch oder wohl gar ungesetzlich, weshalb ich auf folgende verbürgte Thatsachen hinweise, die beides wohl genügend widerlegen dürften. In den letzten sechs Monaten sind, nur soweit mir bekannt, mehr als 2000 dieser Wechsel im Gesammtbetrage von circa eine Million Mark im Cours gewesen. Die vorgekommenen Verluste durch nicht pünktliche Deckung beschränken sich auf die verschwindend kleine Summe von etwa $1/2$ % und zwar nur ausschließlich bei Concursen, in welchen Fällen der Geldmarkt fast gar nicht betroffen, sondern da die Papiere größtentheils als Rimessen dienen, Fabrikanten und Waarenhändler davon berührt worden. Diese können aber nicht sowohl dem Papier den Verlust zuschreiben, sondern vielmehr der weit früher erfolgten Waarenlieferung an einen insolventen Kunden. Die Geldgeschäfte hingegen haben durch Discontiren der Papiere, sowohl als durch die Domicilprovision einen nicht unbeträchtlichen Nutzen. Der wesentlichste Nutzen aber ist die nicht unbeträchtliche Summe eines Zahlungsmittels, das hierdurch geschaffen ist, durch welches eine große Anzahl von Geschäftsleuten genügend und bequem befriedigt werden, die andernfalls mindestens 3 Monate würden warten müssen. Alle diese Punkte sind so einleuchtend, daß keinem Unbefangenen die Nützlichkeit und vollständige Rechtmäßigkeit dieses Hilfsmittels entgehen dürfte. Ich empfehle daher dasselbe angelegentlichst und zeichne

Hochachtend

F. A. Ernst Neukrantz,
Bank=Commissions=Geschäft.
Berlin C., Spandauerstraße 39".

Auch dieses Circular giebt zu, daß die andern Wechselverpflichteten aus eignen Mitteln die Wechsel nicht decken können, aber es hat außerdem die interessante Eigenthümlichkeit, daß es mit größter Entrüstung für die Rechtmäßigkeit der Kellerwechselfabrication in die Schranken tritt. Ganz anders wie Herr Hnr. Ed. Kucht gegen seinen wohnungslosen Namensvetter, äußert sich Herr Neukrantz gegen die „infamen Zeitungsschreier" und die „grobe Unwissenheit" derjenigen, die den Gebrauch dieses Hilfsmittels für unmoralisch oder wol gar für ungesetzlich halten. Und um diese Zeitungsschreier zu widerlegen, verweist er auf — die außerordentliche Verbreitung der Kellerwechsel. Hr. Neukrantz hat eine statistische Enquête hierüber veranstaltet, deren Einzelheiten er freilich aus Discretion gegen seine werthen Kunden der Oeffentlichkeit vorenthalten muß, die ihm aber doch zu versichern gestattet, daß 1 Million Mark Kellerwechsel in den letzten 6 Monaten in Cours gewesen, von denen nur $1/2$% in Verlust ging. Dieser Verlust war aber eigentlich schon vorher vorhanden und hat durch das Dazwischentreten der Kellerwechsel nur eine andere Form angenommen. Andererseits dagegen, wie angenehm ist es, durch dieses „Zahlungsmittel" viele Geschäftsleute „genügend" und „bequem" befriedigen zu können, die andernfalls drei Monate warten müßten! Es steckt ein kleiner John Law in diesem Herrn Neukrantz: er liefert von neuem den Beweis, daß Papier Geld sei, aber er wendet zu diesem Beweis nicht das abgebrauchte Mittel der Banknoten an, sondern führt die Theorie, daß die Wechsel das Papiergeld der Kaufleute seien, nur in ihren weitern Consequenzen in die Praxis ein. Daß die Neukrantz'schen Wechsel ein etwas unsicher fundirtes Papiergeld sind, ändert nichts an der Sache, ist ja doch auch nicht jedes von Staaten ausgegebene Papiergeld sicher fundirt, und Hr. Neukrantz könnte sich mit Stolz darauf berufen, daß der Welt viel Elend erspart geblieben wäre, wenn an dem von Staaten ausgegebenen Papiergeld nie mehr als $1/2\%$ verloren worden wäre.

Gleichwol scheinen die Gerichte von den Verdiensten des Herrn Neukrantz eine andere Auffassung zu haben, und die von demselben in seinem Circular für die gesetzliche Zulässigkeit seines Verfahrens angeführten Dinge nicht für durchschlagend zu halten; wenigstens hat das Berliner Stadtgericht, wie die Staatsbürger-Zeitung vom 9. März d. J. (Nr. 69 A) mittheilt, Hrn. Neukrantz und mehre seiner Collegen auf 1 Jahr nach dem Gefängniß versetzt.

Alle diese Circulare, so verschieden sie unter sich sind, beweisen doch ein großes Geschick ihrer Verbreiter, ihre Waare an den Markt zu bringen. Besonders verdient noch hervorgehoben zu werden, was allen gemeinsam ist, daß sie ein großes Gewicht darauf legen, daß die Wechsel bei ersten Bankfirmen, z. B. bei F. W. Krause & Comp. in Berlin oder bei der Norddeutschen Bank in Hamburg, ja sogar bei der Preußischen Bank resp. Deutschen Reichsbank domicilirt werden. Das giebt ihnen ein gutes Ansehen, namentlich in kleinern Plätzen, wo man nicht immer daran denkt, daß der Aussteller einen solchen Domicilvermerk auf den Wechsel setzen kann, ohne in irgend welcher Verbindung mit der betreffenden Bank zu stehen oder ihr auch nur seinem Namen nach bekannt zu sein. Sind die Wechsel mit recht schönen Firmenstempeln ausgestattet, woran es auch jetzt den Kellerwechseln nicht fehlt, und tragen sie eine feine Firma als Domiciliaten, so ist man nur zu geneigt anzunehmen, daß man es mit einem guten Geschäftswechsel zu thun habe. Jedenfalls hat diese Manipulation der Verbreitung der Kellerwechsel großen Vorschub geleistet.

Ferner kommen den Kellerwechselfabrikanten die im Allgemeinen jetzt so ungünstigen wirthschaftlichen Verhältnisse zu Hilfe. In den meisten Industriezweigen ist die Fabrication erheblich eingeschränkt, die Zahl der Arbeiter vermindert, und doch will nicht überall der in noch größerem Maße verminderte Absatz ausreichen, um die Geschäftsunkosten zu decken, zu schweigen, daß ein Gewinn erzielt würde. Daher in vielen Geschäften ein gesteigertes Creditbedürfniß, während die Banken im Gegentheil mit Rücksicht auf die unsichere wirthschaftliche Lage die Credite einschränken und mit ihren Geldmitteln zurückhaltender sind, als unter normalen Verhältnissen. Das mag manchen soliden Geschäftsmann, der sonst den Gedanken, sich durch Wechselschwindeleien Credit zu verschaffen, weit von sich gewiesen hätte, in der Noth dazu getrieben haben, bei einem solchen Zeitungsinserat, wie wir es oben mitgetheilt, Rettung zu suchen und wenn auch die ihm nachher gebotene Hilfe sein Gewissen beunruhigte, doch einmal davon Gebrauch zu machen, um Zeit zu gewinnen; denn endlich — das war seine Hoffnung — müsse sich doch die Conjunctur für sein Geschäft bessern. Es ist möglich, daß sich einzelne durch die Weiterbegebung solcher Kellerwechsel, wenn auch für schweres Geld, eine zur Sicherstellung ihrer Lage ausreichende Frist erkauften, so daß sie für die Folge nicht mehr zu diesem Hilfsmittel zu greifen brauchten, für viele andere aber war die gewonnene Frist nur eine Galgenfrist, von der Niemand einen Vortheil hatte, als die Kellerwechsellieferanten, die ihre Provision einzogen, während alle andern dabei verloren. Bei einer häufigeren Anwendung der Kellerwechsel mußten wegen der Spesen, die auf denselben lasteten, diejenigen, die sich damit Geld zu machen suchten, immer tiefer in Schulden gerathen, wenn nicht etwa ihr Geschäft plötzlich einen sehr erfreulichen Aufschwung nahm, der ihnen gestattete, alle diese Spesen aus dem vermehrten Ertrage zu decken, ohne sich neue Kellerwechsel kaufen zu müssen.

Bei Herrn Wilke kostet z. B. ein Wechsel über 500 M. auf 3 Monate mit 3 Giros nach dem zuerst mitgetheilten Circular außer der Domicilprovision 12,50 M. Spesen oder auf das Jahr berechnet 10 %, wozu außerdem noch Zins und Provision hinzukam, die der Käufer zu zahlen hatte, wenn es ihm gelang, den Wechsel bei einem Disconteur anzubringen; in München hätte derselbe Wechsel bei Herrn Wilke nach dessen Süddeutschem Circular auch immer noch 8 %, auf das Jahr berechnet, Extraspesen gekostet. Bei Hnr. Ed. Kucht kommt dasselbe Papier etwas billiger zu stehen, während Martin Seligmann, in Wien wenigstens, noch erheblich mehr, nämlich 20 M. berechnet, da die Provision bisher 4 %, also für Drei-Monats-Wechsel auf das Jahr 16 % beträgt; ob er im deutschen Reich mit Rücksicht auf seine coulanten Konkurrenten billiger gewesen ist, können wir nicht angeben. Neukrantz endlich hielt sich mit 7,50 M. für 500 M. zwischen den Wilke'schen und Kucht'schen Preisen. Jedenfalls aber sind überall die Provisionen so hoch, daß sie durch einen reellen Geschäftsbetrieb in der Regel nicht verdient werden können und denjenigen, der sie öfter zahlen soll, zu Grunde richten.

Auch darin kommen die ungünstigen wirthschaftlichen Verhältnisse den Kellerwechselfabrikanten zu Hilfe, daß die Gründerperiode vielen Leuten vorübergehend einen guten Erwerb in den verschiedensten Stellungen verschafft hat, selbst ohne daß sie befähigt waren, den ihnen daraus erwachsenden Pflichten zu genügen, und daß diese Leute nun nach dem Krach alle schnell wieder außer Stellung und Brod gekommen sind, nichts mit sich nehmend aus ihrer frühern Lage als erhöhte Ansprüche an das Leben ohne die Möglichkeit, dieselben auf reelle Weise zu befriedigen. Auf diese Weise hat sich jenes Gesindel außerordentlich vermehrt, das für wenige Groschen gern auf jeden beliebigen Wechsel als Acceptant oder dergleichen seine Unterschrift hergiebt. In der Untersuchung wider Martin Seligmann vor dem Strafgericht zu Zwickau hat die Hauptverhandlung nach dem „Zwickauer Wochenblatt" (Nr. 74) in dieser Hinsicht Folgendes ergeben:

„In Berlin fehlt es nicht an heruntergekommenen Kaufleuten, conditionslosen Kellnern, Schreibern und andern Leuten, die nicht viel zu riskiren haben und denen jeder Erwerb recht ist. Schreiben sie eine hübsche kaufmännische Hand und besitzen sie wol gar aus bessern Zeiten einen alten Firmenstempel, so sind sie den Berliner Kellerwechsellieferanten willkommen. Für wenige Groschen schreibt der Eine auf eine Anzahl Wechselformulare seinen Namen als Acceptant, der Andere als Aussteller, der dritte als Girant Die weitere Ausfüllung besorgt der Kellerwechsellieferant nach Wunsch seiner Kunden, die ihm die Wechsel abnehmen. Die Wechsel werden selten auf runde Summen gestellt, bei angesehenen Bankhäusern domicilirt und gleichen in Allem guten gelösten Wechseln, sogen. Kundenwechseln. Von seinen Abnehmern läßt sich der Kellerwechsellieferant für die Wechsel etwa 2 Procent der Wechselsumme bezahlen, macht mit ihnen aus, daß sie einige Zeit vor Verfall die Deckung an ihn einsenden müssen, und bezahlt, wenn Alles klappt, den Wechsel seiner Zeit beim Domiciliaten, wobei er wieder etwas verdient. Diese Wechsel kommen dem Abnehmer nicht billig. Zu dem, was der Lieferant erhält, kommen Portis, Wechselstempel, Discontspesen. Wenn diese Wechsel nun von unsoliden nicht creditwürdigen Firmen benutzt werden, werden die alten mit dem Erlös neuer ausbezahlt, die Wechselbeträge wachsen und schließlich bricht Alles zusammen, der Concurs läßt sich nicht mehr abwenden. Selbstverständlich wird es bei Verwerthung der Wechsel nicht ohne Täuschung abgehen. Die Wechsel werden genommen, weil man ihre wahre Natur nicht kennt, sie für Kundenwechsel hält. Derartige Wechsel nun waren es, die C. F. Ahnert in Reichenbach von Seligmann bezog, und zwar in der Zeit vom Frühjahr 1871 bis zum September 1873: 433 Stück. Ahnerts, die ihre Kundenwechsel bei der Filiale der Sächs. Bank in Reichenbach zu discontiren pflegten, mischten dann und wann einen solchen Kellerwechsel darunter. Diese Kellerwechsel gingen, mit Hilfe von Seligmann im Domicil rechtzeitig von Ahnerts gedeckt, alle richtig ein. Der Direktor der Bankfiliale faßte nach und nach zu den Namen, die auf jenen gut eingehenden Wechseln wieder und wieder vorkamen, Vertrauen und es wurden mehr und mehr solche Wechsel anstandslos discontirt. Anfang October 1873 zeigte die Firma Ahnert ihre Insolvenz an und die Sächs. Bank saß mit über 15,000 Thalern auf dem Trocknen".

Wir haben absichtlich diese Darstellung in ihrem Zusammenhange mitgetheilt, weil sie dem Leser nicht nur ein klares Bild von den mancherlei Umständen giebt, die die Verbreitung der Kellerwechsel begünstigen, sondern zugleich die Gemeingefährlichkeit dieses Industriezweiges veranschaulicht und für alle, die mit Wechseln zu thun haben, insbesondere diejenigen, die das Discontiren von Wechseln berufsmäßig betreiben — dahin gehören viele Volksbanken —

die ernste Mahnung enthält, energisch mit allen geeigneten Mitteln dem weiteren Umsichgreifen dieser Fabrikation entgegenzutreten.

Oder könnte man es noch für eine harmlose Sache halten, daß es, wie hier durch gerichtliche Untersuchung festgestellt ist, einen Kellerwechselfabrikant an nur einen Kunden in $2^1/_2$ Jahren 433 Stück Kellerwechsel absetzen konnte? Muß man hiernach nicht Hrn. Neukrantz Glauben schenken, daß, „soweit ihm bekannt," d. h. wol nichts weiter als durch seine Hand, im letzten Jahr mehr als 2000 solcher Wechsel in Cours gesetzt worden sind? Und auf welche enorme Gesammtsumme des Umlaufs von Kellerwechseln muß man hiernach schließen! Eine solche Ueberführung des Marktes mit Wechseln, welche keinem legitimen Geschäftsverkehr ihren Ursprung verdanken und unter dem Schein auf reellen Handelsgeschäften zu beruhen, günstigen Falls nur dazu dienen, Leuten, die dem Bankerott nahe sind, Kapital zu verschaffen, das sie sonst auf redlichem Wege nicht erhalten würden, kann die Unsicherheit des wirthschaftlichen Verkehrs nur steigern, und die Rückkehr gesunder Zustände durch Verschleppung der Krankheit nur aufhalten. Wer in Folge ungünstiger Conjunctur oder in Folge von Mißgriffen, die er in seinem Geschäft begangen hat, dasselbe nicht mehr aufrecht erhalten kann, der muß es liquidiren oder, wenn eine Ueberschuldung vorhanden, in Concurs gehen, das liegt im allgemeinen Interesse; solche Geschäfte durch Kellerwechsel retten zu wollen, zieht die Krisis nur in die Länge und macht schließlich den Zusammenbruch für alle Betheiligten verlustreicher. Bestehen nun in Deutschland hunderte von Geschäften, die auf diese Weise ein klägliches Dasein fortfristen, so hindern dieselben einmal durch ihre Existenz das Wiederaufblühen wirthschaftlicher Thätigkeit und bei ihrer doch unausbleiblichen Auflösung ergiebt sich für das Nationalvermögen ein um Millionen größerer Verlust, als sonst ungedeckt geblieben wäre. Ein Theil dieser Millionen ist nun zwar als Provisionen in die Tasche der Kellerwechselfabrikanten und ihrer Helfershelfer geflossen und — könnte man einwenden — dieser Theil ist ja dem Nationalvermögen nicht verloren, sondern nur in andere Hände übergegangen, anders vertheilt; indeß es ist das eine Aenderung, wie sie ein Diebstahl etwa zur Folge hat: für ehrliche productive Arbeit sind diese Summen verloren. Je zahlreicher also die Kellerwechsel in Umlauf kommen, auf um so größere Verluste muß man bei der Abwickelung gefaßt sein, um so schmerzvoller wird die Rückkehr zu einem normalen Wechselumlauf.

Also um sich selbst vor Verlusten zu schützen, und im allgemeinen wirthschaftlichen Interesse thue jeder das Seine, um diesem Schwindel den Garaus zu machen. Zu dem Behuf achte man genau auf die Merkmale der Kellerwechsel, die wir zum Theil schon bezeichnet haben. In der Regel ist ihnen eine reichliche Ausstattung mit Firmenstempeln, zahlreiche Blancogiros uud ein feiner Domiciliat eigenthümlich, oder sie sind auch mit Nothadressen Berliner Bankfirmen versehen, dagegen fehlt bei Berliner Acceptanten die Angabe der Wohnung des Ausstellers, die wirkliche Berliner Geschäftsleute stets beifügen. Außerdem prüfe man, ob auf einem angebotenen Wechsel sich Unterschriften finden, die erfahrungsmäßig auf Kellerwechseln öfter vorgefunden werden. Wir haben deshalb diesem Schriftchen ein alphabetisch geordnetes Verzeichniß derjenigen Personen mit ihrem angeblichen Wohnort beigefügt, die trotz sorgfältiger Nachforschungen nicht ermittelt werden konnten, um aus ihren Wechselverpflichtungen in Anspruch genommen zu werden, oder die von solchen Personen auf sich ziehen lassen oder auf sie ziehen. Den Discont von Wechseln, die in der einen oder andern Hinsicht verdächtig sind, lehne man jedenfalls ab. Dies genügt aber allein noch nicht. Denn es ist nicht wahrscheinlich, daß das im Anhang gegebene Verzeichniß wirklich alle Namen enthält, die zur Zeit an der Fabrication der Kellerwechsel unmittelbar oder mittelbar betheiligt sind, auch würde, wenn die alten Namen verbraucht sind, die Anwendung neuer keine nennenswerthen Schwierigkeiten machen, da, selbst ohne Namen zu erfinden, wie bei der Untersuchung wider Seligmann bestätigt worden ist, in Berlin immer noch Leute zu beschaffen sein würden, die für eine geringe Provision ihren Namen zu Accepten, Giros u. dergl. hergeben. Und sollte es einmal an solchen Leuten fehlen, so modificirt man die alten Namen ein wenig, indem man nur den Vornamen ändert, oder ihnen einen andern Wohnsitz giebt.

Deshalb befolge jeder den Rath, den Schulze-Delitzsch den Volksbanken ertheilt hat, er discontire keine Wechsel, deren Aussteller oder Acceptant ihm nicht einmal bekannt sind, er lasse sich nicht damit zufrieden stellen, daß er zwei gute Giranten auf dem Wechsel hat; denn mag ihn dies auch vor einem Verlust schützen, so reicht es doch nicht aus, um den Wechsel als unverdächtig zu legitimiren, da der eine Girant bei Abnahme des Wechsels selbst kann getäuscht worden sein, und es dann auch in dessen Interesse liegt, über die Natur des fraglichen Wechsels bald aufgeklärt zu werden, wie es dadurch geschieht, daß man erst Erkundigungen nach Aussteller und Acceptanten einzieht.

Es führt aber erfahrungsmäßig eine solche Untersuchung über den Ursprung des Wechsels bisweilen zu dem überraschenden Ergebniß, daß derjenige, der den Wechsel discontirt wünscht, seine Natur als Kellerwechsel gekannt haben muß, und nachdem man ihn bisher für einen soliden, zahlungsfähigen Geschäftsmann hielt, sich nun als dringend verdächtig einer Geschäftsverbindung mit den Kellerwechselfabrikanten ausweist. Solchen Leuten muß man für die Zukunft jeden Credit abschneiden. Aber das allein genügt noch nicht, sondern man muß außerdem ihre Verbindung mit den Lieferanten der Kellerwechsel und den ganzen Hergang der Sache möglich genau feststellen, um alle zur Bestrafung zu bringen, die wissentlich an der Operation Theil genommen haben. Jede Nachsicht ist hier vom Uebel; denn die Kellerwechsel sind erst dadurch so gemeingefährlich geworden, daß die Fabrikanten derselben eine große Zahl von Leuten gefunden haben, die ihnen ihre Fabrikate abnahmen und sie in Umlauf brachten und sich dadurch der Theilnahme an dem Vergehen oder Verbrechen schuldig machten.

Als welches Vergehen oder Verbrechen sich das Geschäft charakterisiren wird, das kommt auf den einzelnen Fall an. Martin Seligmann wurde wegen Beihilfe zum Betruge zu 2 Jahren Gefängniß, 1000 M. Geldstrafe und 3 Jahre Ehrenrechteverlust verurtheilt, Neukrantz und sein College Friedenheim wegen Betrugs zu 1 Jahr Gefängniß. Und zwar ist diese letztere Verurtheilung erfolgt auf Grund einer Entscheidung des Kammergerichts zu Berlin, nach welcher schon die wissentliche Begebung von Kellerwechseln als „Betrug" zu bestrafen ist. Es ist diese Entscheidung auch in der That durchaus gerechtfertigt, sobald jemand durch die Begebung geschädigt wird; denn § 263 des Strafgesetzbuchs lautet:

> Wer in der Absicht, sich oder einem Dritten einen rechtswidrigen Vermögensvortheil zu verschaffen, das Vermögen eines Andern dadurch beschädigt, daß er durch Vor-

spiegelung falscher oder durch Entstellung oder Unterdrückung wahrer Thatsachen einen Irrthum erregt oder unterhält, wird wegen Betruges mit Gefängniß bestraft, neben welchem auf Geldstrafe bis zu 1000 Thlr., sowie auf Verlust der bürgerlichen Ehrenrechte erkannt werden kann. . . . . Der Versuch ist strafbar.

Wer auf einen andern einen Wechsel zieht, ohne an denselben irgend eine Forderung zu haben, oder mit ihm in Geschäftsverbindung zu stehen, und wer einen solchen Wechsel acceptirt, ohne doch die ernste Absicht zu haben, denselben zu bezahlen, da er in keiner Form entsprechende Valuta empfangen oder dazu Aussicht hat, erregt, indem er gleichwol einen solchen Wechsel weitergiebt, bei dem nächsten oder einem späteren Indossanten den Irrthum, daß dem Wechsel ein Handelsgeschäft zu Grunde liege und durch den Kauf des Wechsels die ursprüngliche Forderung oder der sonstige Anspruch des Ausstellers an den Acceptanten auf ihn übertragen werde. Ohne diese durch Vorspiegelung einer falschen Thatsache bewirkte Erregung des gedachten Irrthums würde selbstverständlich niemand die fraglichen Wechsel abnehmen, und der Zweck, wozu sie in Umlauf gesetzt werden, wäre verfehlt. Sobald aber der Kellerwechsel bei Eintritt der Fälligkeit nicht gedeckt wird, liegt eine Vermögensbeschädigung desjenigen vor, der als Erwerber in gutem Glauben Valuta dafür bezahlt hat und nun den Verlust erleidet. Es liegt aber endlich auch der ganzen Operation die Absicht zu Grunde, sich einen rechtswidrigen Vermögensvortheil zu verschaffen, indem diejenigen, welche die Kellerwechsel in Umlauf setzen, ihr Accept oder Giro darunter setzen, dies ja nicht aus Menschenliebe thun, um einem Bedrängten zu Hülfe zu kommen, sondern zu ihrem eignen Vortheil, indem sie für die Täuschung, zu der sie mitwirken, eine Provision beziehen. Und damit ist allen Kriterien des Betrugs genügt.

Es kann sich aber auch um eine Urkundenfälschung und zwar um eine, die mit Zuchthaus zu bestrafen ist, handeln. Es wurde schon darauf aufmerksam gemacht, und das nachfolgende Namensverzeichniß liefert den Beweis dafür, daß die Kellerwechsel nicht selten von Personen unterschrieben sind, die weder durch den Wohnungsanzeiger noch durch die Polizei zu ermitteln sind, ja nach Aussage der letztern an dem auf dem Wechsel angegebenen Orte auch früher nicht existirt haben. In Bezug hierauf nun hat das Kgl. Preuß. Ober-Tribunal in einem Erkenntniß vom 13. Januar 1876 folgende Rechtssätze aufgestellt:

1. Ein Accept, welches sich auf einem ausgefüllten, aber nicht mit der Unterschrift eines Ausstellers versehenen Formular eines gezogenen Wechsels befindet, ist eine Urkunde.
2. Die Unterzeichnung einer Urkunde mit dem Namen einer nicht existirenden Person fällt unter den Thatbestand der Urkundenfälschung. (cf. Oppenhoff Rechtsprechung d. K. O.-Trib. in Strafsachen Bd. 17 Hft. 1).

Man wird gegen diese Rechtssätze kaum etwas einwenden können, und deshalb auch von den höchsten Gerichtshöfen der andern deutschen Staaten erwarten dürfen, daß sie vorkommenden Falls in demselben Sinne entscheiden werden. Denn § 267 des deutschen Straf-Gesetzbuchs bestimmt:

> Wer in rechtswidriger Absicht .... eine solche Privaturkunde, welche zum Beweise von Rechten oder Rechtsverhältnissen von Erheblichkeit ist, verfälscht oder fälschlich anfertigt und von derselben zum Zwecke einer Täuschung Gebrauch macht, wird wegen Urkundenfälschung mit Gefängniß bestraft.

Ist die Urkundenfälschung in der Absicht begangen, sich oder einem Andern einen Vermögensvortheil zu verschaffen, so erfolgt Zuchthausstrafe (§ 268 ebenda). Daß auf Seiten der Kellerwechselfabrikanten und ihrer Helfershelfer die Absicht vorliegt, sich einen Vermögensvortheil durch ihre bezügliche Thätigkeit zu verschaffen, und daß letztere eine Täuschung involvirt, ist schon vorher gezeigt, es käme daher nur noch in Frage:

1) ob ein Wechselaccept als Urkunde zu betrachten ist, welche zum Beweise von Rechtsverhältnissen von Erheblichkeit ist; und
2) ob das Unterzeichnen mit dem Namen einer nicht existirenden Person eine Fälschung ist.

Beide Fragen dürften unbedenklich zu bejahen sein; denn ein Wechselaccept, welches jederzeit durch die Unterzeichnung des Ausstellers zu einem formell nicht anfechtbaren Wechsel gemacht werden kann, ist gewiß zum Beweise von Rechtsverhältnissen erheblich und auch als Urkunde zu betrachten; ebenso wie die Unterzeichnung mit einem andern Namen, als den man rechtmäßig trägt, eine Fälschung ist, wobei es nicht darauf ankommen kann, ob dieser andere Name von einer Person geführt wird oder nicht: für die unterzeichnende Person ist es jedenfalls ein falscher Name, und damit der Thatbestand der Fälschung vorhanden.

Beiläufig sei noch erwähnt, daß es nach § 270 des deutschen Strafgesetzbuchs der Urkundenfälschung gleich geachtet wird, wenn jemand von einer falschen oder verfälschten Urkunde, wissend, daß sie falsch oder verfälscht ist, zum Zwecke einer Täuschung Gebrauch macht — eine Vorschrift, die auf manche Kellerwechselfabrikanten Anwendung finden dürfte, insofern dieselben es wohl gern vermeiden werden, selbst solche erfundene Namen auf die Wechsel zu setzen.

Nach alledem werden diejenigen, die bisher ihr Augenmerk nur darauf richteten, sich selbst vor einem Verlust aus Kellerwechseln zu schützen, ohne in der Ausgabe oder wissentlichen Verbreitung derselben etwas anderes als einen zwar unmoralischen, aber nicht geradezu ungesetzlichen Schwindel zu sehen und ohne deshalb diejenigen, die sich der Theilnahme daran schuldig gemacht, energisch zu verfolgen, anerkennen müssen, daß sie eine unverdiente Nachsicht gegen Leute bewiesen haben, die des Betrugs, der Beihilfe zum Betrug oder der Urkundenfälschung schuldig sind. Die Erkenntniß aber, daß es sich hier um die Verfolgung gemeiner Vergehen und Verbrechen, nicht nur eines wirthschaftlich gemeingefährlichen Schwindels handelt, wird in den betheiligten Kreisen hoffentlich überall das rechte Pflichtgefühl wachrufen, daß jeder nach seinen Kräften bei dieser Verfolgung mitzuwirken habe, die Geschäftswelt von einer Plage zu befreien, die nur durch eine ungerechtfertigte Nachsicht und Indolenz diese Ausdehnung gewinnen konnte. Vor allen aber sind die deutschen Vorschuß- und Creditvereine, Volksbanken u. s. w. vermöge ihrer gemeinsamen Organisation über ganz Deutschland dazu berufen, unter Mithilfe der Deutschen Genossenschaftsbank von Soergel, Parrisius u. Comp. in Berlin, die das Verdienst hat, die Initiative in dieser Agitation ergriffen zu haben, diese Verfolgung, die jetzt schon an vielen Orten die Staatsanwälte in die Hand genommen haben, systematisch zu unterstützen. Mögen sie es an dieser Unterstützung nirgends fehlen lassen!

Sollte aber, wie es neuerdings den Anschein hat, der Versuch, die Kellerwechsel durch „Zahlungsanweisungen" zu ersetzen, weitere Verbreitung finden und dadurch der Schwindel in veränderter Gestalt fortgesetzt werden, so werden wir die Gelegenheit nicht vorübergehen lassen, auch diese Manipulation näher zu beleuchten, um die Geschäftswelt nach Kräften vor Schaden zu wahren, und wir rechnen auch dabei auf die Unterstützung der deutschen Genossenschaften.

Anhang.

Verzeichniß von Namen, die auf Kellerwechseln vorkommen.

Lfde. Nr.	Name.	Wohnort.	Bemerkungen.
1	C. Ahlborn	London 20 Regent Street, dann S E Trinity Square 51 A, zuletzt S. E. 95 Borough Road	Handelt mit Wechseln von J. Goldsmith & Co. auf Rehberg in Berlin, an C. Ahlborn direct girirt (cf. Nr. 73).
2	F. Arndt	Schwedt a./O.	Es giebt in Schwedt viele Arndt, aber F. Arndt ist unbekannt.
3	H. Albu	Berlin, Friedrichstraße 52/53	Girant auf Wechseln auf Adolf Rosenberg Döbeln (Nr. 75), F. A. Große Hamburg (Nr. 36), B. Slowig Charlottenburg (Nr. 87).
4	Ch Barth	Berlin	Ist nicht zu ermitteln.
5	Hermann Becker	Nordhausen	Existirt nicht am Orte.
6	Hermann Becker	Stendal	Läßt Franz Wilke (vergl. Nr. 97) auf sich ziehen.
7	C. Berger	Bremen	Eine Firma C. Berger ist in Bremen unbekannt.
8	Rich. F. Bertram	Berlin	Ist nicht zu ermitteln.
9	Ad. Bessau oder Bessaur	Namslau	Weder dieser noch ein ähnlich lautender Name ist in Namslau bekannt.
10	H. C Beyer	Posen	Diese Firma ist in Posen nicht vorhanden.
11	P. Brinkmann	Barmen	Zieht auf C. Weyer Frankfurt a M. (Nr. 96).
12	Albert Bräsecke	Charlottenburg	Läßt Oscar Püchler Fürstenwalde (vergl. Nr. 71) und H. Wilke Hamburg (Nr. 98) auf sich ziehen.
13	A. Cohn	Potsdam	Im Wohnungsanzeiger nicht vorhanden; läßt C. J. Marowsky Breslau (Nr. 62) auf sich ziehen.
14	Cronheim, Walter & Comp.	London	Zieht auf Herm. Becker in Nordhausen (Nr. 5).

Lfde. Nr.	Name.	Wohnort.	Bemerkungen.
15	J. Czeputt	Thorn	Diese Firma in Thorn nicht vorhanden.
16	H. Dahse	Steglitz	Polizeilich nicht zu ermitteln.
17	W. Dickow	Rixdorf	Wohnt in Rixdorf und läßt Hnr. Kucht Berlin (vergl. Nr. 56) auf sich ziehen.
18	Jacques Drucker	Berlin (früher Junkerstr. 20)	Soll mit Paß nach Philadelphia gegangen sein. Girant auf Wechseln auf B. Slowig Guben (Nr. 86) u. Voigt Wittstock (Nr. 91).
19	Franz Ebner	Mannheim	Diese Firma in Mannheim nicht vorhanden.
20	C. Emmerling	Bruchsal	Eine solche Firma in Bruchsal unbekannt.
21	A. G. Engel	Braunschweig	Diese Firma existirt nicht am Platze.
22	Eduard Epstein	Berlin	Diese Firma in Berlin nicht vorhanden.
23	H. Eßmann	München	In München unbekannt; läßt von Hnr. Kucht (Nr. 56) auf sich ziehen. An einem Tage wurden beim Domiciliaten in München 10 solche Wechsel zur Zahlung präsentirt.
24	H. Eßmann	Neu-Ruppin	Läßt Franz Wilke (vergl. Nr. 97) auf sich ziehen.
25	Herm. Everts	Guben	Am Platze unbekannt.
26	C. W. Feuerheerdt	Berlin	Zieht auf C. Weyer Frankfurt a. M. (Nr. 96).
27	J. Feyerabend	Stettin	Hat seit 1871 Stettin verlassen.
28	H. Fritsche	Grünberg	Läßt Franz Wilke (vergl. Nr. 97) auf sich ziehen.
29	F. Fülle	Magdeburg	Beide Firmen in Magdeburg nicht vorhanden; Accepte von ihnen sehr zahlreich.
30	S. Fülle	Magdeburg	
31	Albert Gast	Berlin (früher Prinzenstr. 25)	Soll sich eilig aus Berlin entfernt haben; zieht auf Herm. Haller Berlin (vergl. Nr. 42), Girant von Wechseln auf S. Fülle (Nr. 30).
32	B. Geittler	Berlin	Ist nicht zu ermitteln.
33	S. Goldsmith & Comp.	London	Zieht Wechsel auf J. W. Rehberg Berlin, den F. W. Rehberg (vgl. Nr. 73) acceptirt.
34	A. Goosmer	Schleswig	Läßt Chr. Barth Berlin (vergl. Nr. 4) auf sich ziehen.
35	Fr. Graf	Berlin	M. Seeger (Berlin) handelt mit Accepten desselben (vergl. oben S. 9).
36	Fr. Aug. Große	Hamburg	Ist nicht zu ermitteln.
37	C. Grützmacher	Berlin	Zieht auf O. Püchler Fürstenwalde (vergl. Nr. 71) und läßt C. Weyer Frankfurt a. M. (vgl. Nr. 96) auf sich ziehen.
38	Otto Günther	Stendal	Läßt F. Wilke (vergl. Nr. 97) auf sich ziehen.
39	C. F. Gürtler	Berlin	Ist nicht zu ermitteln.

Lfde. Nr.	Name.	Wohnort.	Bemerkungen.
40	Ludw. Gutschmidt	Eisleben	Hat nach polizeilichem Ausweis nie in Eisleben gewohnt; läßt H. C. F Knauth Elberfeld auf sich ziehen (vergl Nr. 52).
41	Häßner	Durlach	Existirt dort nicht.
42	Hermann Haller	Berlin	Ließ sich noch nicht ermitteln.
43	P. Hauptmann	Graudenz	Firma am Platze nicht vorhanden.
44	C. Heckmann	Berlin	Zieht auf Fr. Graf (Nr. 35).
45	Heidland in Firma Werler Papierfabrik Heidland & Fischer	Werl	Wurde im April wegen Verausgabung von Kellerwechseln verhaftet, die er nach seiner Angabe von F Wilke (Nr. 97) bezogen.
46	B. Holtmann	Bielefeld	Läßt F Wilke (Nr. 97) auf sich ziehen und zieht auf C. Weyer (Nr. 96).
47	Hermann & Friedrich	Lobenstein	Zieht auf C. Weyer (Nr. 96).
48	M. Holzt, Kaufm.	Berlin, Reichenbergerstr. 7	Zieht auf H. Dahse Steglitz (Nr. 16) und A. Schultz Potsdam (Nr. 81).
49	N. J. Jacoby	Pr. Eylau	Hat nach polizeilichem Attest nie am Orte gewohnt.
50	A. Benno Kalisch	Rixdorf	Läßt F Wilke (Nr. 97) auf sich ziehen.
51	Isidor Katz	Gleiwitz	Am Platze nicht bekannt.
52	H. C F. Knauth	Elberfeld	Nicht zu ermitteln.
53	Wilh Kohltorff	Oels	Läßt F. Wilke (Nr. 97) auf sich ziehen.
54	Fr. Koßmack	Berlin	Läßt Herm. Scheip Cöln (Nr. 76) auf sich ziehen, vgl. auch oben S. 10.
55	A. C. Kramer	Königsee	Zieht auf C. Weyer (Nr. 96).
56	Hnr. Kucht	Berlin, (Manteuffelstr. 10)	Am 21. März 1876 wurde fruchtlos die Execution gegen ihn vollstreckt. Zeichnet auch Ed. Kucht (vergl. oben S. 15 ff.)
57	Albert Laucken	Brandenburg a. H.	War vor Jahren Maurermeister in Brandenburg, jetzt verschollen.
58	Edmund Kühn	Gotha	M. Seeger (Berlin) handelt mit Accepten desselben (vergl. oben S. 9 f.).
59	Georg Limpert	Frankfurt a. M.	Tagelöhner oder Weichensteller.
60	Eduard Mack	Pilkallen	Hat nach polizeilichem Attest nie am Orte gewohnt.
61	Eduard Mack	Treptow a. T.	Existirt nicht am Orte.
62	C. J. Marowsky	Breslau	Weder im Adreßbuch, noch auf dem Polizei-Präsidium bekannt.
63	Max Mollée	Altenburg	Wohnt nicht am Orte.
64	J. Molony	Hamburg	Nicht zu ermitteln.

Lfde. Nr.	Name.	Wohnort.	Bemerkungen.
65	G. A. E. Museholb	Kiel	M. Seeger (Berlin) handelt mit Accepten desselben (vergl. oben S. 10)
66	S. Neuhaus	Wollin	Am Orte unbekannt.
67	G. Nobereit	Tilsit	Ist dort nicht bekannt.
68	Dr. Odenfeld	Landshut	Zieht auf C. Weyer (Nr. 96).
69	Alexander Patzker	Hamburg	Nicht zu ermitteln.
70	A. Prévost-Ducarpe	Maestricht (rue des tanneurs)	Läßt von Hnr. Kucht Berlin direct an sich giriren (Nr. 56).
71	Oscar Püchler	Fürstenwalde	Muß, wenn er überhaupt existirt, ein großer Schwindler sein; in Fürstenwalde hat er nie gewohnt Unbezahlte Accepte von ihm zahlreich
72	Oscar Püchler	Berlin	Existirt nicht; hat dieselbe Handschrift wie der vorige, aber keinen Firmenstempel.
73	F. W Rehberg	Berlin, Skalitzerstraße 147 A	Läßt F. Fülle Magdeburg (Nr. 29) auf sich ziehen und zieht auf Alexander Patzker Hamburg (Nr 69)
74	L A Richter	Breslau	Figurirt auf Wechseln von H. Everts Guben (Nr 25), in Breslau nicht zu ermitteln.
75	Adolf Rosenberg	Döbeln	Diese Firma existirt dort nicht, Person auch nicht mit Hilfe der Polizei zu ermitteln.
76	Herm. Scheip	Cöln	Polizeilich nicht eingetragen; bedient sich genau ebenso ausgestatteter Wechsel-Formulare wie F. Fülle (Nr. 29).
77	H. Scheurten	Ellwangen	Läßt F. Wilke (Nr. 97) auf sich ziehen.
78	C. F. W. Schmidt	Berlin	Diese Firma nicht vorhanden.
79	F. A. Schmitz	Friedrichshagen	Läßt F Wilke (Nr. 97) auf sich ziehen.
80	Alb. Schramm	Frankfurt a. M.	Zieht auf C. Weyer (Nr. 96).
81	A. Schultz	Potsdam	Polizeilich nicht zu ermitteln.
82	G. Schröder	Magdeburg	Am Platze fünf Personen mit gleichem Vornamen vorhanden.
83	A. J. Schweitzer	Leipzig	Hat laut polizeilichem Attest nie in Leipzig gewohnt.
84	C. R. Seefeld	Berlin	Einmal zu 6 Monat Gefängniß und 1 Jahr Ehrverlust verurtheilt; läßt H. Wilke Hamburg (Nr. 98) auf sich ziehen.
85	August Seiler	Sagan	Diese Firma hier nicht bekannt.
86	Vincenz Slowig	Guben	Hat 1874 Guben verlassen; läßt C. J. Marowsky Breslau (vergl. Nr. 62) auf sich ziehen.

Lfde. Nr.	Name.	Wohnort.	Bemerkungen.
87	Vincenz Slowig	Charlottenburg	Dieselbe Handschrift wie des vorigen; läßt F. A. Große Hamburg (Nr. 36) auf sich ziehen; hat nach polizeilichem Attest nie in Charlottenburg gewohnt.
88	H. Soisson & Co.	London	Zieht auf Herm. Scheip Cöln (Nr. 76) und C. R. Seefeld Berlin (35 Langestraße) (vergl Nr. 84).
89	Carl Stürmerin	Berlin	Nicht zu ermitteln.
90	R. Sucker	Breslau	Diese Firma hier nicht vorhanden.
91	Carl Voigt	Wittstock	Wohnt am Orte; es ist aber noch nicht festgestellt, ob dies derselbe, der H. Wilke Hamburg (Nr 98) auf sich ziehen läßt.
92	S. Vorberger	Fürth	Zieht auf C. Weyer (Nr. 96).
93	L. Wallenrodt	Döbeln	Läßt Wilke Berlin (Nr 97) auf sich ziehen.
94	H. L. Wallenrodt	Prenzlau	Am Orte nicht zu ermitteln.
95	H. L. Wallenrodt	Magdeburg	Wohnt nicht am Platze.
96	C Weyer	Frankfurt a. M.	Wohnt nicht in Frankfurt a. M. Innerhalb der letzten 2 Jahre wurden 55 Wechsel im Gesammtbetrage von Mark 36 378,10 auf ihn Mangels Zahlung protestirt.
97	Franz Wilke	Berlin, Neue Friedrichstr. 63	Handelt mit Kellerwechseln. Siehe oben Seite 12 ff.
98	H. Wilke	Hamburg	Eine Person dieses Namens wurde nur in einer Hofwohnung und ohne Angabe eines Geschäfts ermittelt; zieht auf C. Weyer in Frankfurt a. M. (Nr. 96).
99	Heinrich Wolter	Grünberg	Hat nach polizeilichem Attest nie in Grünberg gewohnt; zieht auf Adolph Rosenberg in Döbeln (vergl. Nr. 75).
100	Fr. Zieten	Wittenberge	Ist hier nicht vorhanden.
101	Ferd. Zinke	Leipzig	Gegenstand unzähliger Nachfragen, aber nicht aufzufinden.

Druck von Troitzsch & Ostertag in Berlin.

Verl:g von J. Guttentag (D. Collin) in Berlin.

Deutsche Reichsgesetze.

Text-Ausgaben mit Anmerkungen, Taschenformat; cartonnirt.

---

1. **Die Verfassung des Deutschen Reichs** von Dr. v. Rönne, App.-Ger.-Vicepräident, Mitglied des Reichstages. 2. Auflage. 1874. M. 0,75.

2. **Strafgesetzbuch für das Deutsche Reich.** (Neue Fassung.) Nebst dem Reichs-Preßgesetz vom 7. Mai 1874. Mit vollständigem Sachregister von Rüdorff, Geh. Finanzrath. 8. Auflage. 1876. 1 Mark.
(Enthält die durch die Strafgesetznovelle von 1876 ergangenen Abänderungen und Zusätze.)

— — **Ausgabe für Bayern** mit dem bayerischen Einführungsgesetz. 1875. M. 1,50.

3. **Militair-Strafgesetzbuch für das Deutsche Reich** von H. Rüdorff, Geh. Finanzrath. 1872. M. 0,60.

4. **Allgemeines Deutsches Handelsgesetzbuch** unter Ausschluß des Seerechts nebst Einführungs- und Ergänzungs-Gesetzen. Von F. Litthauer, Rechtsanwalt. 3. Auflage. 1876. 2 Mark.

5. **Allgemeine Deutsche Wechselordnung** von Dr. S. Borchardt, Minister-Resident, Geh. Justiz-Rath zc. 3. Auflage und **Wechselstempelsteuergesetz nebst Wechselstempeltarif** von Hoyer, Regierungsrath und Provinzial-Stempelfiskal. 2. Aufl. Cartonnirt in einem Bändchen. 1876. M. 1,50.

6. **Die Deutsche Reichs-Gewerbe-Ordnung** nebst den vom Bundesrath beschlossenen Ausführungsbestimmungen. Von T. Ph. Berger, Regierungsrath. 2. Auflage. 1 Mark.
(Die im Jahre 1876 ergangenen Abänderungen und Zusätze sind aufgenommen.)

7. **Die Deutsche Post- und Telegraphengesetzgebung.** Textausgabe mit Anmerkungen und Sachregister von Dr. P. D. Fischer, Geh. Ober-Postrath. 1876. 2 Mark.

8. **Die Gesetze über den Unterstützungswohnsitz,** über **Bundes- und Staatsangehörigkeit** und **Freizügigkeit.** Von C. Hahn, Obertribunalsrath. 1872. M. 1,20.

9. **Sammlung kleinerer Reichs-Gesetze.** Ergänzung der im J. Guttentag'schen Verlage erschienenen Einzelausgaben deutscher Reichsgesetze. Text-Ausgabe mit Anmerkungen und Sachregister, herausgegeben von F. Litthauer, Rechtsanwalt. 2. Aufl. 1876. 2 Mark.

10. **Das Reichsbeamtengesetz** vom 31. März 1873. Text-Ausgabe mit Anmerkungen von Grandke, Regierungs-Assessor. 1873. 1 Mark.

In demselben handlichen Format erschien:

Die Preußische Konkurs-Ordnung, das Anfechtungsgesetz vom 9. Mai 1855 und die **Subhastations-Ordnung** vom 15. März 1869. Von R. Johow, Ober-Tribunals-Rath. 1871. M. 1,50.

Das Gesetz vom 24. April 1854 (betr. die außereheliche Schwängerung) und die daneben geltenden Bestimmungen des Allgem. Landrechts von Dr. jur. H. Schulze. 1873. M. 0,75.

FSC
www.fsc.org
MIX
Papier | Fördert gute Waldnutzung
FSC® C083411

Kolibri 360 GmbH
Ferdinand-Jühlke-Straße 7
99095 Erfurt, Deutschland
produktsicherheit@kolibri360.de